Clara Pauchet

A TCC e os distúrbios alimentares

AF319497

Clara Pauchet

A TCC e os distúrbios alimentares

ScienciaScripts

Imprint
Any brand names and product names mentioned in this book are subject to trademark, brand or patent protection and are trademarks or registered trademarks of their respective holders. The use of brand names, product names, common names, trade names, product descriptions etc. even without a particular marking in this work is in no way to be construed to mean that such names may be regarded as unrestricted in respect of trademark and brand protection legislation and could thus be used by anyone.

Cover image: www.ingimage.com

This book is a translation from the original published under ISBN 978-613-8-41272-4.

Publisher:
Sciencia Scripts
is a trademark of
Dodo Books Indian Ocean Ltd. and OmniScriptum S.R.L publishing group

120 High Road, East Finchley, London, N2 9ED, United Kingdom
Str. Armeneasca 28/1, office 1, Chisinau MD-2012, Republic of Moldova, Europe
Printed at: see last page
ISBN: 978-620-6-05916-5

Copyright © Clara Pauchet
Copyright © 2023 Dodo Books Indian Ocean Ltd. and OmniScriptum S.R.L publishing group

Agradecimentos

Em primeiro lugar, gostaria de agradecer à clínica e à equipa com quem trabalho pela sua ajuda e apoio na elaboração desta tese. Cada profissional partilhou comigo as suas observações sobre o paciente em questão, de modo a dar-me uma visão o mais abrangente possível.

Gostaria de agradecer aos professores e profissionais envolvidos no seu curso universitário que nos ajudaram a concretizar este projecto.

Por último, gostaria de agradecer em particular ao Dr. Schoukroun e à Nathalie Roué que, graças à sua revisão, me permitiram dar um passo atrás nesta redacção.

ÍNDICE

<u>**INTRODUÇÃO**</u>

A Sra. B. foi consultada no Centro de Obesidade da Clínica Cedres, em Comebarrieu, em Dezembro de 2014. Encontrou-se primeiro com um cirurgião especializado em bariátrica, que lhe explicou as diferentes técnicas cirúrgicas disponíveis. Este disse-lhe que poderia ter acesso a esta operação devido à sua obesidade mórbida (IMC>40) se toda a equipa profissional validasse a sua saúde fisiológica e psicológica.

Assim, a senhora B consultou um cardiologista, um pneumologista, um dietista, um psiquiatra, um estomatologista, um anestesista e um nutricionista. Este último teve dúvidas quanto à estabilidade emocional da paciente e identificou distúrbios alimentares aquando da primeira consulta, pelo que a Sra. B foi encaminhada para o psicólogo para iniciar um acompanhamento psicoterapêutico com vista a avaliar o seu estado, prepará-la para a operação e trabalhar a sua relação com a comida. O acompanhamento, centrado sobretudo na perturbação alimentar, foi rapidamente posto em prática, sem o qual a doente não poderia continuar a operação. De facto, este diagnóstico constitui uma contra-indicação ao tratamento bariátrico.

O comportamento alimentar "normal" ou "adaptado" está associado à satisfação das necessidades fisiológicas, psicológicas e relacionais, permitindo o bom funcionamento do organismo, tanto em termos de actividade física como intelectual. De acordo com a Organização Mundial de Saúde (OMS), assegura a manutenção do bem-estar físico, mental e social. Pode ser alterada por diversas razões, sejam elas biológicas, psicológicas, sociais ou ambientais. A semiótica pode ser utilizada para distinguir o normal do patológico. O termo perturbação alimentar é utilizado quando as alterações observadas não são secundárias a outro diagnóstico.

A epidemiologia dos transtornos alimentares ainda é insuficientemente explorada. As dificuldades metodológicas dificultam as comparações entre os diferentes estudos e limitam o alcance dos seus resultados (Lamas et al, 2012). Para não mencionar o facto de que os transtornos alimentares não especificados são raramente estudados. São mesmo excluídos dos estudos epidemiológicos, sem dúvida por serem tão heterogéneos. No entanto, o estudo de Eddy et al (2008) indica que as formas subsindrómicas de perturbação da compulsão alimentar podem ser 5 a 10 vezes mais prevalentes do que as formas puras de anorexia e bulimia. Num centro de saúde, quase metade dos doentes tratados para estas perturbações preenchiam os critérios para TOC não especificado. Para além disso, muitos doentes escapam a estes diagnósticos ainda mal compreendidos. No entanto, o estudo de Lahortiga Ramos (2005) em Espanha encontrou 100.000 pessoas por ano que sofrem desta perturbação não especificada na faixa etária dos 12 aos 22 anos.

Todos nós já ouvimos falar de perturbações alimentares como a anorexia e a bulimia. No entanto, existe um terceiro diagnóstico que incluo nas perturbações alimentares não especificadas porque o DSM-TR o definia como tal. O DSM-V (American Psychiatric Association, 2013) descreve-o agora como um diagnóstico separado por direito próprio. É chamado de hiperfagia bulímica (BH), às vezes mais conhecido como *transtorno da compulsão alimentar*. De acordo com o DSM-V, a prevalência é de 1,6% nas mulheres e 0,8% nos homens.

A hiperfagia bulímica caracteriza-se por uma ingestão excessiva de grandes ou muito grandes quantidades de alimentos num curto espaço de tempo, com perda de controlo. Na maior parte das vezes, estes excessos ocorrem em segredo, dando origem a um forte sentimento de culpa. Existe uma verdadeira incapacidade de parar, um sentimento de perda de controlo que está bem descrito nos vários sintomas apresentados no DSM-V. O que a diferencia da bulimia nervosa ou da bulimia clássica é a ausência de comportamentos destinados a compensar o potencial aumento de peso através da ingestão de grandes quantidades de alimentos.

Critérios de diagnóstico do DSM-V: perturbação da compulsão alimentar

A. Crises recorrentes de hiperfagia (gula). Apresenta as duas características seguintes:

    1. consumo, num período de tempo limitado (por exemplo, 2 horas), de uma quantidade de alimentos

muito superior à que a maioria das pessoas ingeriria num período de tempo semelhante e nas mesmas circunstâncias;

2. um sentimento de perda de controlo sobre o comportamento alimentar durante o episódio (por exemplo, um sentimento de não ser capaz de parar de comer ou de não ser capaz de controlar o que ou quanto come).

B. Os episódios de bulimia estão associados a 3 ou mais das seguintes características:

1. comer muito mais depressa do que o normal
2. comer até se sentir desconfortavelmente cheio
3. comer grandes quantidades de alimentos sem sentir fome física
4. comer sozinho porque se sente envergonhado com a quantidade de comida que come
5. sentir-se repugnado consigo próprio, deprimido ou muito culpado depois de comer demasiado.

C. O comportamento bulímico é fonte de grande sofrimento.

D. Em média, o comportamento bulímico ocorreu pelo menos uma vez por semana durante 3 meses.

E. O comportamento bulímico não está associado ao uso recorrente de comportamentos compensatórios inadequados como na bulimia nervosa, nem ocorre exclusivamente durante a bulimia nervosa ou a anorexia *nervosa*.

A gravidade da perturbação baseia-se na frequência dos episódios:

- Perturbação ligeira: 1-3 episódios por semana;
- moderado: 4-7 episódios por semana;
- Grave: 8-13 episódios por semana;
- extremamente grave: 14 ou mais episódios por semana.

A ingestão contínua de pequenas quantidades de alimentos ao longo do dia não é considerada uma alimentação excessiva.

É essencial salientar que uma das principais origens destas crises reside no processo de restrição cognitiva. A restrição cognitiva está a aumentar nas nossas sociedades, em paralelo com os ditames de magreza veiculados pelos meios de comunicação social. A restrição cognitiva consiste em restringir e controlar mentalmente a alimentação com o objectivo de perder ou manter o peso. Pensa-se que este fenómeno é um dos principais factores de insucesso das dietas ioiô e, na verdade, um dos iniciadores da compulsão alimentar. Assim, a pessoa come menos para perder mais peso. Isto tem o efeito contrário: o corpo está a morrer de fome e armazena todos os alimentos que lhe são restringidos. E quando o hipercontrolo sobre a comida se quebra, muitas vezes ao fim do dia, ou quando as emoções se apoderam de nós, ocorre uma alimentação impulsiva. Depois, a pessoa é dominada pela culpa e restringe-se ainda mais. Isto desencadeia dois movimentos de excesso: a compulsão e a restrição. De facto, os resultados do estudo específico sobre a emotividade alimentar e o excesso de peso, publicado no American Journal of Clinical Nutrition, mostram que as pessoas que fazem dieta são mais propensas a comer sob a influência da emoção: 35% das pessoas que nunca tinham feito uma dieta de emagrecimento apresentavam uma forte emotividade alimentar, em comparação com 58% das pessoas que tinham feito dieta no passado e 71% das pessoas que estavam a fazer dieta no momento do estudo. As pessoas com maior tendência para comer de forma emocional têm maior risco de ter excesso de peso ou obesidade do que as outras.

No que diz respeito ao tratamento desta perturbação com terapias cognitivas e comportamentais, vários estudos demonstraram que a TCC é o tratamento psicoterapêutico mais bem estudado e mais bem estabelecido para a Perturbação da Compulsão Alimentar (Medscape, *("Recent advances in the management of binge eating disorder")).*

O objectivo da TCC na BH é quebrar os ciclos entre a compulsão e a dieta, demonstrando padrões alimentares mais saudáveis e equilibrados (Fairbum, 1995). Os estudos indicam que a TCC, em contextos individuais e de grupo, é mais eficaz do que a ausência de tratamento, a terapia de apoio e a perda de peso comportamental, quando avaliada em relação às taxas de abstinência da compulsão alimentar. O estudo cognitivo e comportamental efectuado por Lock e Le Grange (2005) mostrou que, de 34 adolescentes com bulimia, 78% relataram uma redução dos seus comportamentos de compulsão e purga e 56% relataram um desaparecimento completo dos sintomas. Da mesma forma, o estudo de Schappamn-Williams, Lock e Couturier (2006) mostrou que 90% dos pacientes com TOC não especificado apresentaram uma redução dos seus sintomas em 22 sessões. Este tipo de tratamento parece, portanto, ser inteiramente adequado para promover resultados na mudança do comportamento alimentar a longo prazo.

CAPÍTULO 1

ESTUDO DE CASO

I.   História da Sra. B

A Sra. B tem 46 anos, vive com o marido e 2 filhos e é estilista de profissão.

Encontrei-me com a Sra. B para uma primeira entrevista psicológica, a pedido da sua nutricionista. [2]Na altura do nosso encontro, a paciente apresentava uma obesidade mórbida, com 111 kg para uma altura de 165 cm, ou seja, um IMC de 40,8 kg/m , tendo em conta que o seu peso ideal era de 54 kg (atingido aos 30 anos) e o seu peso máximo era de 3 kg.

O excesso de peso começou aos 25 anos e agravou-se progressivamente com as gravidezes, a depressão, um luto doloroso que nunca chegou ao fim, a cessação do tabagismo, o abandono do desporto, a toma de medicamentos, os maus hábitos alimentares e aquilo que ela descreve como as suas preocupações familiares.

Foi-me enviada para trabalhar os seus hábitos alimentares, cuja frequência e quantidade não conseguia controlar, o que lhe causava um grande sofrimento. A paciente está consciente das suas dificuldades. Rapidamente explicou que os seus excessos alimentares duravam há 11 anos. Não estabelece qualquer relação entre um acontecimento da sua vida pessoal e o início dos seus ataques alimentares.

Devido à sua profissão, a doente trabalha diariamente a partir de casa e sai ocasionalmente para ir buscar tecidos. Como salientado no estudo de Archer et al (2013), entre outros, o sedentarismo é um factor de risco para o excesso de peso e a obesidade. A paciente tem plena consciência disso, expressa claramente que ter comida constantemente disponível é problemático para ela, principalmente quando sente emoções, sejam elas positivas ou negativas. Relativamente às emoções positivas, descreve frequentemente uma forma de excitação associada a novas ideias, à criação de uma nova peça de vestuário. Depois, no que diz respeito às emoções negativas, descreve sobretudo raiva, ansiedade e medo de não chegar a horas, gerando um estado de stress frequente e oscilante consoante a hora do dia. Ela está bem consciente da ligação entre as suas emoções e a sua relação com a comida, tendo já feito três terapias com psicólogos e psiquiatras e consultado muitos nutricionistas. Apercebi-me rapidamente que as suas emoções se estavam a intensificar, com uma auto-depreciação significativa e numerosas distorções cognitivas, que apresentarei mais adiante.

Mais tarde, fico a saber que estas ansiedades são alimentadas pela doença de Alzheimer da sua mãe, com quem tem grandes dificuldades de relacionamento desde a infância. Acusava a mãe de favoritismo em relação ao irmão e de falta de amor e atenção para com ela, principal fonte da sua raiva e falta de auto-confiança. Durante a terapia, repetia constantemente: "Não sou vacilante, não tive os alicerces para me construir, nunca pude ser como os outros".

i.   <u>Os seus hábitos alimentares</u>

Antes de vir para o centro de obesidade, a doente já tinha feito inúmeras dietas, tanto profissionais como não. Tinha experimentado a restrição alimentar pessoal, os Vigilantes do Peso, a dieta rica em proteínas e Montignac, bem como o acompanhamento com nutricionistas e psiquiatras durante um período de 13 anos. Todas estas experiências parecem ter criado um processo significativo de restrição cognitiva na doente, o que aumenta significativamente o risco de desenvolver e manter uma perturbação alimentar. Ela fala dos muitos alimentos gordurosos e açucarados proibidos que a obcecam nos momentos de tédio ou de falta de inspiração profissional.

Os dias da doente são pontuados por 3 refeições regulares a horas regulares e dois ou três lanches, para além das refeições por volta das 10h00, 14h00 e 16h00, que não consegue limitar nem em frequência nem em quantidade, para além de petiscar à noite em frente à televisão. Apesar de ser ela a cozinhar, a nutricionista constata que a sua alimentação é desequilibrada, com excesso de açúcar e de gordura.

Apresenta uma hiperfagia prandial, com uma incapacidade de ouvir as suas sensações alimentares e uma incapacidade de distinguir entre fome e desejo.

Não pratica qualquer actividade física para além das suas tarefas diárias e do trabalho, estando limitada por artralgias e falta de ar.

ii.   <u>A sua motivação para o tratamento bariátrico</u>

A sua própria motivação para perder peso: "para redescobrir a minha respiração, o meu bem-estar físico e uma boa auto-imagem" e gostaria de reduzir as suas dores, como a dispneia de esforço, a gonalgia, as dores nas ancas e as dores lombares. Gostaria de recuperar a sua amplitude de movimentos e de melhorar a circulação venosa nos membros inferiores. Por último, a nível psicológico, espera que a perda de peso tenha um impacto no seu humor deprimido e na sua baixa auto-estima.

Ela gostaria de atingir um peso de : 60 quilos.

Finalmente, encontra-se numa fase de acção, de acordo com o modelo de Prochaska e Di Clemente de prontidão para a mudança.

II.   Procedimento de reunião

No final da nossa primeira sessão, senti-me inquieto e um pouco oprimido por esta paciente. A ambivalência entre as suas expectativas verbalizadas de forma desajeitada e a sua resignação em relação aos seus padrões de insucesso e isolamento social foram bastante complexas de gerir neste primeiro encontro. Depois de me contar a sua história, pergunta-me o que penso sobre ela e o que posso fazer por ela, deixando claro que já tentou todas as técnicas "possíveis" que descreve em pormenor (respiração abdominal, dar um passeio durante uma crise, beber água, etc.). Não posso negar que ela parece ser uma especialista na matéria, mas rapidamente me apercebo de uma intolerância emocional associada a um processo de interiorização. Da mesma forma, uma atitude passiva em relação à comunicação e uma grande falta de auto-confiança são também evidentes. Por fim, ela destacou crenças mágicas sobre a cirurgia bariátrica.

A sua esperança subjacente encorajou-me a tranquilizá-la, depois de algumas explicações psico-educativas sobre as emoções e as perturbações alimentares. Disse-lhe que juntos podíamos tentar, que faríamos o nosso melhor para a tirar deste círculo vicioso emocional. Ela pareceu-me satisfeita e aceitou fazer um acompanhamento de 15 em 15 dias.

Na sequência desta entrevista, pedi ao seu cirurgião um tempo suplementar para preparar a operação desta doente que, por conseguinte, apresentava uma contra-indicação para a cirurgia com estes ataques hiperfágicos. Considero que o seu estado psicológico até à data não é suficientemente estável e não lhe permitiria manter os comportamentos saudáveis necessários para o tratamento bariátrico. Os seus excessos alimentares estão enraizados e são frequentes, e a sua gestão emocional é anárquica. O objectivo deste acompanhamento é, por um lado, evitar a descompensação face às suas actuais estratégias de coping, que deixarão de ser possíveis (alimentação compulsiva e bulímica para gerir as suas emoções) e, por outro lado, manter a sua perda de peso a longo prazo, bem como reduzir o seu sofrimento psicológico trabalhando a sua auto-confiança.

III.   Análise da procura em terapia

Apesar de ter sido encaminhada pelo seu nutricionista, a paciente sublinha que tem consciência dos seus distúrbios alimentares. Prova disso é que já consultou várias vezes um psicólogo e um psiquiatra na tentativa de regular esta dificuldade.

Ela explicou muito facilmente a sua relação complexa com a comida. O seu pedido, apoiado pelos médicos e, portanto, ligado ao seu projecto bariátrico, diz respeito à regulação do seu TOC, sem o qual não pode aceder ao tratamento desejado. Até à data, todas as terapias que experimentou fracassaram a longo prazo. Sente-se, portanto, impotente e parece ter-se resignado a viver neste círculo vicioso compulsivo de culpa e de alimentação.

Em segundo lugar, é de notar que o seu pedido era para estabilizar as suas emoções e, assim, melhorar o seu humor deprimido na sua vida pessoal.

IV.   Quadro terapêutico

O acompanhamento do doente começou em Janeiro de 2015 e não terminou até à data. Durante o ano de 2015, encontrámo-nos 16 vezes, uma vez a cada 15 dias durante 3 meses e depois uma vez por mês. Até à data, a frequência das consultas situa-se entre uma vez por mês ou mês e meio. Este acompanhamento foi interrompido durante 3 meses, 1 mês antes da operação e 2 meses depois, porque a doente estava muito cansada e tinha dificuldade em deslocar-se. Disse-me que voltaria a falar comigo, mas ao fim de 3 meses, tomei a liberdade de lhe telefonar para lhe pedir notícias, e ela disse-me que queria retomar o acompanhamento psicológico relativamente aos seus receios de voltar a cair no seu círculo vicioso.

A paciente era sempre muito pontual e raramente cancelava as consultas. Por vezes, dizia-me que não lhe apetecia vir, mas não deixava de o fazer para não se esquecer "do ponto de partida" em relação à sua perturbação alimentar.

V.   Diagnóstico

<u>i. Hipóteses de diagnóstico</u>

Num período de tempo limitado (menos de 20 minutos), sem sentir fome e sempre escondida dos outros, a doente come uma quantidade de alimentos muito maior do que a maioria das pessoas comeria num período de tempo semelhante e nas mesmas circunstâncias. Reconhece que sente uma perda de controlo sobre as quantidades durante cada um dos seus ataques. Uma vez iniciado o ataque, a doente só pára de comer quando sente náuseas e dores abdominais demasiado fortes para poder comer outros alimentos. O seu comportamento gera um forte sentimento de culpa após cada ataque, o que, a longo prazo, leva a uma depressão e a um sentimento de impotência e de perda de controlo sobre a sua relação com a comida, resultando numa perda de auto-confiança. A doente descreve-se como tendo "nojo de si própria" e desvaloriza-se muito, demonstrando que esta perturbação é a fonte de um sofrimento acentuado. Este comportamento bulímico ocorre, em média, pelo menos uma vez por dia durante 11 anos, levando a Sra. B a desenvolver obesidade mórbida a longo prazo. De facto, a doente vai armazenar todas as calorias consumidas nestas ingestões alimentares sem fome, ou seja, sem necessidade fisiológica.

Tendo em conta os vários sintomas apresentados acima, que reflectem as 5 manifestações apresentadas no DSM-V, coloco a hipótese de uma hiperfagia bulímica moderada (4 a 7 episódios por semana).

ii.   <u>Comorbilidades psicológicas e fisiológicas associadas</u>

Em segundo lugar, no que respeita à alimentação, o doente apresenta também hiperfagia prandial. A este respeito, a taquifagia (refeições rápidas de menos de 20 minutos) favorece a ingestão de quantidades demasiado elevadas para as necessidades do organismo. O facto de demorar menos de 20 minutos não dá tempo ao sistema cognitivo para receber a mensagem hormonal de saciedade (transmitida pela leptina).

De seguida, a Sra. B apresenta um episódio depressivo major, estabilizado com medicação, sem ideação suicida. Este episódio parece ser secundário à hiperfagia bulímica da paciente, pois ela notou uma mudança de humor e de interesses após o início dos excessos alimentares. Estes últimos começaram há um ano.

Por fim, a doente tem uma doença endócrina, certamente uma consequência da sua TOC, ou seja, obesidade mórbida.

iii.   <u>Hipóteses de diagnóstico diferencial</u>

A Sra. B não sofre de bulimia nervosa, tal como descrita no DSM-V, uma vez que não apresenta comportamentos compensatórios como vómitos, ingestão de purgantes ou prática de desportos radicais. Uma vez ultrapassada a crise, mantém-se um forte sentimento de culpa e de inutilidade até à crise seguinte.

Do mesmo modo, no que diz respeito aos diagnósticos diferenciais ligados a possíveis co-morbilidades frequentemente associadas ao TOC, a resistência à mudança evidenciada por este último levou-me a pensar numa perturbação da personalidade. Interroguei-me sobre uma perturbação da personalidade borderline, com a impulsividade acentuada nestas crises e a incapacidade da doente para se controlar, e depois sobre uma perturbação da personalidade evitante, tendo em conta o seu esquema cognitivo e o evitamento de todas as suas emoções, positivas ou negativas. O questionário YQS de 75 itens não revelou uma perturbação da personalidade. Além disso, ela não preenchia todos os critérios do DSM-V para cada uma delas.

VI. Análise funcional
i. Sincronia :

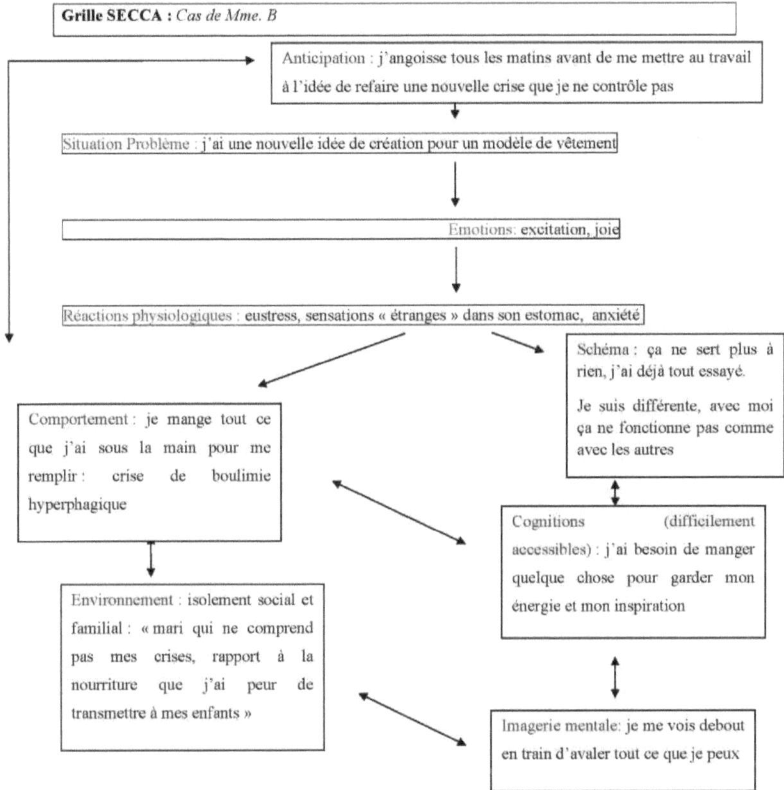

ii. Diacrónico :

Dados genéticos: predisposição para a obesidade e para o excesso de peso na família, registada do lado materno, mas a doente não sabe se a mãe tinha TOC, para além da hiperfagia prandial.

Dados de personalidade: solitário, apresenta um padrão de fracasso e de isolamento social.

Factor desencadeante: ainda não identificado, reprimido? O doente sabe simplesmente que começou há anos.

Acontecimento precipitante: stress no trabalho, intolerância emocional, processo de interiorização emocional e comportamento passivo na comunicação

Factores de manutenção: trabalhar em casa, rejeição do seu corpo, baixa auto-estima e auto-confiança, depressão

Tratamentos: aerius, singulair, levothyrox 50 e um antidepressivo: paroxetina 20.

Historial: depressão monitorizada e estabilizada até à data com medicação.

i. Círculo vicioso de emoções negativas

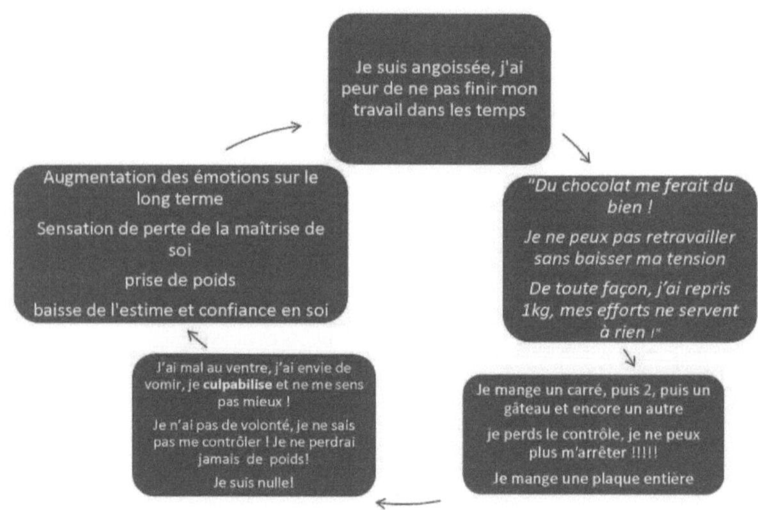

ii. Relação com a abordagem terapêutica :

A análise funcional evidenciou o círculo vicioso em que se encontrava a Sra. B. O seu funcionamento revelava uma intolerância às emoções, quer positivas quer negativas. Para escapar a elas, a paciente pratica muitas vezes, inconscientemente, uma alimentação compulsiva, que lhe permite segregar serotonina e, assim, reduzir a sua tensão emocional. A dificuldade reside no facto de o doente ter entrado num processo de condicionamento e de habituação inadaptado, criando assim emoções permanentemente. Por um lado, está convencida de que não consegue gerir as suas tensões emocionais de outra forma e, por outro, demonstra um ritual diário que ocorre sempre à mesma hora: às 15h30 e, por vezes, às 10h30. Está constantemente a examinar as sensações físicas do seu corpo e convence-se de que tem fome. Encontra-se num estado de hipervigilância, o que reforça a sua convicção de que precisa de comer. Além disso, a Sra. B trabalha principalmente em casa, o que contribui para manter a sua perturbação, uma vez que estes ataques só ocorrem quando está sozinha.

iii.   Comentários

[1] *Principais mecanismos de defesa :*

Auto-depreciação significativa, evidenciando uma baixa auto-confiança na manutenção de novos comportamentos alimentares a longo prazo.

Idealização da operação e da equipa: a paciente tem algumas crenças mágicas sobre a operação, que a "salvaria" daquilo a que chama os "velhos demónios" que voltam como "um cavalo a galope". Diz-me logo que sou a sua última oportunidade, depois de ter falhado com "muitos psiquiatras e psicólogos" que consultou anteriormente. A paciente pressiona rapidamente a relação terapêutica.

Neste caso, o acting representa uma resposta ao conflito através da acção, e não através de pensamentos ou sentimentos. Ela expressa que tem muitas emoções associadas ao seu trabalho criativo, tanto positivas como negativas (principalmente ansiedade, medo, excitação por criar, tristeza por ser diferente e raiva da mãe), mas como não as consegue verbalizar, tem ataques de comida. Este acto parece ser um pedido de ajuda e uma resposta às emoções e conflitos subjacentes.

Agressão passiva: trata-se de uma fachada de apoio para mascarar a resistência aos cuidados e à hostilidade. Este mecanismo de defesa pode representar uma modalidade adaptativa para os sujeitos que se encontram numa posição subordinada e que não podem afirmar-se mais abertamente por outros meios.

Queixa associando um pedido de ajuda e a sua recusa: os pedidos de ajuda da paciente parecem esconder uma agressividade que se manifesta nas dúvidas que ela exprime muito bem desde a primeira entrevista, expressas pela recusa das sugestões propostas pelos terapeutas ("não adianta dar-me as suas dicas para fazer outra actividade ou sair, comigo não funciona!"). *Esta* defesa permite ao sujeito exprimir a sua agressividade, negando-a.

Dissociação: a percepção que a doente tem do seu corpo está alterada. Só vê o lado negativo de si própria e os seus defeitos, que se centram principalmente no excesso de peso. Encontra-se num sistema de rejeição total do seu envelope corporal, que não lhe convém, mas que mantém com os seus excessos alimentares. Já não vê os pormenores do seu corpo como um todo; tudo o que vê é uma *"grande bola, uma grande forma esbatida"*, como ela diz.

[2] *Principais distorções cognitivas*

Do mesmo modo, muitas distorções cognitivas são rapidamente observadas, mas estas serão apresentadas na parte cognitiva da gestão terapêutica.

VII. Linha de base

Para começar por observar as dificuldades do paciente antes da terapia, foi-lhe entregue, a partir da segunda entrevista, uma ficha de acompanhamento em vários exemplares (colunas de Beck, ver Anexo 1) para identificar a frequência, as horas do dia mais favoráveis e as situações que provocam os ataques alimentares, e assim compreender os factores (pensamentos, sensações, emoções principais) que mantêm e desencadeiam esses ataques alimentares.

Questionários :

- *Escala HAD (Hamilton Anxiety Depression Scale, questionário 1 em anexo)"*, mede a ansiedade
  e a depressão

Pontuação de ansiedade: 9

Pontuação da depressão: 12

A dimensão depressiva estava presente no doente a um nível significativo. A pontuação da ansiedade estava muito próxima do limiar de pontuação dell, pelo que este aspecto deve ser monitorizado.

- *Rathus Assertiveness Schedule (questionário 2 em anexo)* para medir a assertividade nos processos
  de comunicação.

Pontuação da Sra. B = -31

O comportamento comunicativo do doente era relativamente passivo.

- *A escala de auto-estima de Rosenberg (questionário 3 em anexo)* mede a qualidade da auto-
  imagem do doente.

Pontuação = 27

O doente tem baixa auto-estima.

- O *"Three-Factor Eating Questionnaire"* (TFEQ, questionário 4 em anexo) foi desenvolvido em
  1984 por Stunkard e Messick, contém 51 itens e mede 3 dimensões do comportamento alimentar:
  restrição cognitiva, desinibição alimentar e fome. O seu objectivo é identificar diferentes
  comportamentos alimentares ou motivações para comer numa população de pessoas obesas.

Pontuação Sra. B :

- Restrição cognitiva = 18/21
- Desinibição alimentar = 10/16
- Fome = 6/14

- *YSQ-75 itens*: o questionário de esquemas de Young procura identificar os esquemas presentes
  no sujeito.

A Sra. B demonstrou a existência de dois padrões: o isolamento social e o insucesso, ambos muito prevalecentes.

Sintomas :

A frequência das crises compulsivas era de 5 a 8 por semana. Havia um ou dois "binges" por dia, excepto aos fins-de-semana, pois a doente não tinha "binges" na presença de outras pessoas. Os fins-de-semana, passados com o seu companheiro e os seus dois filhos, não são portanto propícios ao desenvolvimento da compulsão alimentar. No entanto, explica que este facto é compensado por uma maior hiperfagia prandial, com dores gástricas após cada refeição.

VIII.   Contrato terapêutico

Uma vez estabelecida uma relação de confiança mútua, chegou o momento de explicar as condições do tratamento. Em conjunto, redigimos um contrato terapêutico. A Sra. B queria livrar-se das suas crises compulsivas, que eram incapacitantes na sua vida quotidiana, para poder voltar ao seu trabalho com mais tranquilidade, sentir-se mais segura de si e ter uma melhor auto-estima, bem como o desejo de voltar a socializar. Ao mesmo tempo, ela sabe que estas crises não lhe permitirão fazer a operação bariátrica que deseja para perder peso. Combinámos que, enquanto a compulsão alimentar e a bulimia não estivessem controladas, interromperíamos o protocolo pré-operatório. Consciente das suas dificuldades, a doente assume a sua quota-parte de responsabilidade nesta decisão.

Regressar a uma situação profissional mais serena
Redescoberta de uma vida social e de actividades de lazer satisfatórias
Redescobrir relações sexuais satisfatórias com o seu marido
Perda de peso
Recuperar a auto-confiança e a auto-estima

- **Os seus objectivos intermédios:**

O primeiro passo consiste em definir objectivos intermédios mais precisos, realistas e comportamentais, em colaboração com a paciente e de acordo com a sua lista de objectivos:

(1)   Observe como funciona durante as crises para dar um passo atrás em relação a si próprio

(2)   Controlar as quantidades ingeridas durante as fases compulsivas e substituir os alimentos escolhidos por alimentos dietéticos para evitar a acumulação excessiva de gordura.

(3)   Limitar a restrição cognitiva

(4)   Tentar gerir as suas emoções em vez da comida

(5)   Tentar limitar a obsessão com o peso, trabalhar para a deixar ir

Estes objectivos serão reavaliados no decurso da terapia, bem como a possibilidade de acrescentar novos objectivos. Estes 5 objectivos serão abordados por esta ordem para que a paciente possa apreender cada etapa introspectiva, o que a ajudará a passar à seguinte.

- **O plano de terapia**

É estabelecido em colaboração com o doente e é descrito em pormenor a seguir:

1. **A auto-observação:** aprender a reconhecer as situações desencadeantes, os pensamentos e as emoções que se seguem e os pensamentos após a crise (coluna de Beck, círculo vicioso, análise funcional). A auto-observação também diz respeito ao diário alimentar, que será elaborado com o nutricionista para

perceber onde estão as lacunas, pois muitas vezes engordamos quando não comemos o suficiente ou as coisas certas.

2. **A fase de comer em sintonia com o seu corpo:** aprender a distinguir as sensações mentais das físicas: 3 refeições, a tempo, com prazer (trabalho psico-educativo de grupo alimentar).

3. **Actividades alternativas:** considerar outras actividades que não a alimentação para obter algum prazer... tentar quebrar o hábito comportamental.

4. **As crises em questão:** aprender a gerir, limitar as crises.

5. **Análise do diálogo interno,** terapia cognitiva de facilitação dos pensamentos. Por exemplo: "Preciso de comer", ou "Sou terrível".

6. **Fase de recuperação de uma dieta livre:** eliminação do fenómeno de restrição cognitiva.

7. **Possível trabalho específico** sobre situações desencadeadoras, trabalho mais emocional.

De uma forma mais geral, eis o plano e a organização seguidos para este trabalho terapêutico.

1. Fase de avaliação e informação
   a. Avaliação diagnóstica
   b. Análise funcional
   c. Escalas de aprovação
   d. Informações sobre a perturbação da compulsão alimentar (BED)
2. Fase de terapia
   a. Técnicas emocionais
   b. Técnicas comportamentais
   c. Técnicas cognitivas
   d. Prescrição de tarefas no domicílio
3. Fase de consolidação e acompanhamento (5 sessões)
   a. Avaliação da terapia
   b. Verificação de que os resultados são mantidos e que o doente tem um processo autónomo

CAPÍTULO 2

Terapia

I. Quadro terapêutico :

Em primeiro lugar, é importante fazer um balanço da gestão da depressão, e a melhor maneira de o fazer é entrar em contacto com o psiquiatra que a prescreveu, que me enviou uma carta indicando que o humor da paciente tinha estabilizado graças à adesão ao tratamento. De facto, a coordenação entre os diferentes intervenientes é uma das chaves de um bom tratamento dos distúrbios alimentares (Lamas C, Rebecca, Nicolas I e Guelfi J-D, 2012). Para além da terapia psicológica implementada, é essencial notar que a paciente foi seguida por um nutricionista, um dietista e um psiquiatra, com quem mantinha contactos regulares.

Quanto à terapia propriamente dita, sem retomar o quadro terapêutico desenvolvido acima, encontrámo-nos individualmente 16 vezes, durante 45 a 55 minutos. Na maior parte das vezes, eram-nos dados exercícios para a sessão seguinte. Depois, reunimo-nos 2 vezes num grupo psico-educativo com 3 outros pacientes durante uma hora.

II. Curso e conteúdo

Antes de mais, penso que é necessário salientar que toda a terapia apresentada a seguir foi por vezes abrandada, por vezes bloqueada e depois reiniciada em função da ambivalência muito marcada desta paciente, mas também devido às minhas próprias emoções desencadeadas durante este trabalho. Por exemplo, desde as primeiras sessões, ela teve pensamentos do tipo "eu não a podia ajudar". Perseverámos juntos para avançarmos ao nosso próprio ritmo. É de notar que esta ambivalência é muito frequentemente associada a pessoas que sofrem de qualquer tipo de TOC.

Por fim, o resto desta tese divide-se em contribuições psico-educativas, comportamentais, cognitivas e emocionais. No entanto, numa verdadeira terapia, todos estes aspectos entrelaçados são necessários para progredir pouco a pouco. Esta divisão em categorias não era possível porque cada parte contribui com elementos que ajudam a outra a progredir.

i. A psicoeducação, a observação e a experimentação:

[1] *Trabalhar para ouvir o seu corpo*

Em termos psico-educativos, foram dadas explicações precisas, com pedidos de feedback, sobre a importância das sensações alimentares, a distinção entre fome e desejo, entre saciedade e saciação, e as diferentes formas de armazenamento associadas ao comportamento alimentar.

[2] *Grupo de psico-educação alimentar*

O trabalho descrito acima, realizado em 2 sessões individuais com a paciente, foi reforçado pela sua participação, a seu pedido, no grupo de psicoeducação alimentar que dirijo na clínica, denominado "Je mange à ma faim" ("Eu como à vontade"). Neste contexto, a paciente fez uma sessão de mindfulness com um dos alimentos que comeu durante as suas crises (chocolate). Do mesmo modo, foi-lhe pedido que preenchesse durante uma semana uma ficha de escuta das suas sensações alimentares (anexo 3) para experimentar a distinção entre fome física e psicológica, saciedade e saciação.

Inicialmente, este grupo permitiu que a paciente estivesse mais em sintonia com o seu corpo, limitando um pouco o processo dissociativo com o seu corpo e, sobretudo, a intensidade das suas restrições cognitivas à alimentação durante as refeições. Além disso, utilizámos um vocabulário comum. Assim, a paciente deixou de poder agir de forma automática e inconsciente, e este conhecimento permitiu-lhe dar um passo atrás pela primeira vez.

[3.] *Hiperfagia bulímica*

Uma vez reguladas as sensações alimentares, discutimos a hiperfagia bulímica, os sintomas, as consequências fisiológicas e psicológicas, a ligação com as emoções e a ligação com a rejeição do corpo. Tudo isto foi observado nas colunas de Beck (ver anexo 1). Colocámos então a questão do significado deste comportamento alimentar, constantemente desvalorizante e dissociativo. Inicialmente, foi aconselhada a ler o livro de Christophe André, "Libre, imparfait et heureux", para tomar consciência da sua atitude autodestrutiva e da sua luta consigo própria. De seguida, trabalhou no livro de Bernard Waysfeld "Le poids et le moi". O papel desempenhado pela evitação da exposição emocional, através de excessos alimentares, na manutenção das perturbações foi desenvolvido. A este respeito, a paciente declarou, no início da terapia, que não se sentia capaz de exprimir todas as suas emoções, com medo de se sentir esmagada e de voltar a cair numa depressão mais profunda. É *como um leão numa jaula",* disse ela. A construção da análise funcional ajudou-a a integrar esta informação. Por fim, foi dado um elemento essencial de psico-educação sobre o desenrolar e a duração de uma crise deste tipo, bem como sobre os factores de desencadeamento emocional (ver anexo 2).

O curso de uma crise alimentar :

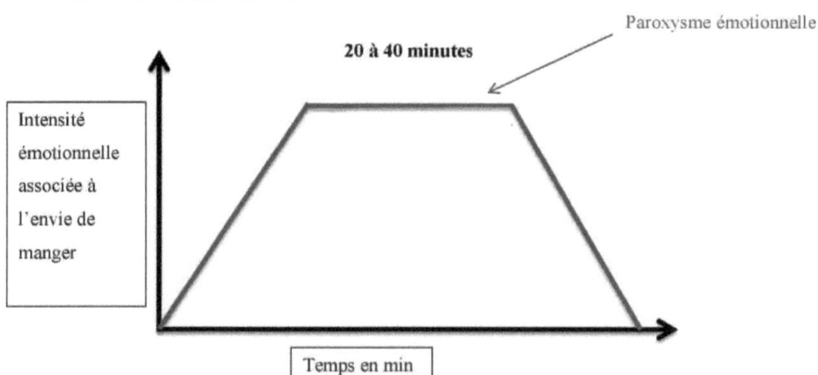

Este aspecto parece ter sido o mais benéfico na terapia, porque a paciente não pára de o verbalizar, como que para se assegurar de que, em todo o caso, qualquer crise é passageira, *"é apenas uma emoção, tal como me disse que um pensamento era apenas um pensamento",* repete-me ela. Aprender a gerir a compulsão alimentar ajudou-a a sentir-se livre da obrigação de comer para satisfazer a sua tensão emocional.

⁴ *Restrição cognitiva*

COMPULSÃO ALIMENTAR = RESTRIÇÃO + CRISE + CULPA

Este esquema foi apresentado ao doente para começar a trabalhar os alimentos proibidos e evitados, que acabam por reforçar o aspecto compulsivo destes ataques. O objectivo era abandonar gradualmente as regras alimentares existentes que o doente tinha aprendido e repetido ao longo dos anos com cada nova dieta. Este abandono é essencial para que os novos hábitos alimentares se mantenham a longo prazo.

Em conjunto, definimos a restrição cognitiva como a intenção de controlar mentalmente o comportamento alimentar com o objectivo de perder ou manter o peso. Uma intenção que não deixa espaço para as sensações corporais. Depois, numa segunda fase, o paciente entrou na última das 4 fases da restrição cognitiva.

- *Fase 1*: as sensações e emoções alimentares são percepcionadas mas deliberadamente ignoradas.
- *Fase 2:* as sensações e emoções alimentares são percepcionadas mas já não podem ser respeitadas.
- *Fase 3:* As sensações e emoções alimentares deixam de ser percepcionadas.
- *Fase 4":* o comportamento alimentar é deixado ao controlo exclusivo das emoções.

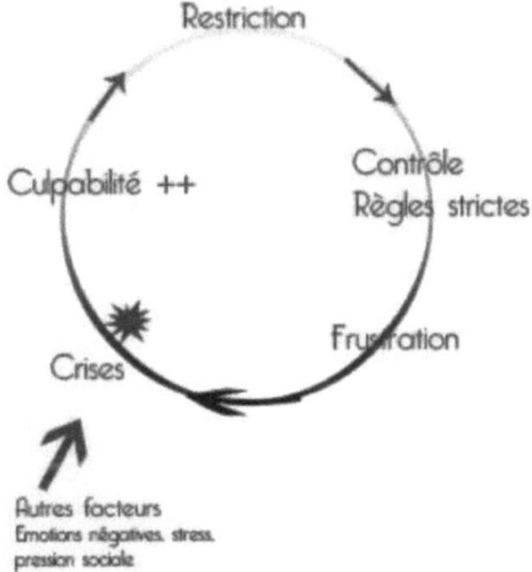

Por fim, a paciente compreendeu claramente como é que os seus pensamentos funcionavam na restrição cognitiva com o exercícioNutella:

Terapeuta: "Aceita fazer um pequeno exercício para ilustrar a restrição cognitiva?"
Paciente: "Sim, o que devo fazer?
Terapeuta: "Deixa-te guiar pela minha voz. Fecha os olhos e, durante um minuto, proíbo-te de pensar em Nutella! (silêncio) Escreve na folha à tua frente o esforço que te custou, de 0 a 10, e como te sentiste.

Terapeuta: "Muito bem, agora fecha os olhos e eu digo-te para pensares em Nutella durante um minuto! Onde está o pensamento "Nutella" ao fim de um minuto?

Paciente: "É estranho, tive de voltar a pensar em Nutella porque os meus pensamentos foram para as minhas compras desta noite e para a lista que tinha esquecido em casa. Na verdade, o que está a tentar fazer-me compreender é que quanto mais eu parar de pensar no chocolate, mais vou pensar nele?

Terapeuta: "Aparentemente, foi isso que aconteceu contigo quando comparamos o que escreveste e o que me estás a dizer agora."

Doente: "Sim, mas tenho medo de estar sempre a pensar nisso e de ter mais ataques.

Terapeuta: "Sugiro que, só desta vez, durante os 15 dias em que não nos vemos, te permitas pensar em alimentos de que gostas e desfrutá-los, se possível principalmente quando tens fome ou ainda não estás cheio, como aprendemos, para observar o que te acontece. Continua a anotar todas as compulsões para podermos comparar a frequência dos teus ataques com estes dois comportamentos. Está de acordo? Isto parece-lhe relevante?

Paciente: "Acho que é um exercício estranho, mas estou disposto a tentar. Vamos ver como corre, mas tenho a certeza que vou engordar.

Terapeuta: "Pese-se como habitualmente, uma vez por semana, e nós também verificaremos o seu peso, se o desejar.

5- Aliança terapêutica

Estas primeiras sessões permitiram estabelecer a aliança terapêutica indispensável neste tipo de tratamento, onde a perturbação da paciente está profundamente enraizada e envolve numerosos mecanismos de resistência. Ela compreendeu rapidamente a importância de mudar o seu comportamento alimentar, mas sentiu-se impotente perante a possibilidade de uma nova gestão emocional. A comida foi o seu ponto de referência e o seu refúgio durante vários anos. A relação de confiança mútua permite estabelecer uma colaboração entre o paciente e o terapeuta, permitindo que o paciente duvide da sua capacidade de mudar a sua relação com a comida. O objectivo é restituir à paciente o seu papel de sujeito e de actor da sua própria vida, uma vez que, com a perda repetida do controlo sobre a sua alimentação, ela deixou de acreditar nas suas capacidades e sente que já não tem qualquer controlo, o que é agravado pelo aumento de peso e por efeitos secundários importantes.

Para começar, fizemos a primeira exposição comportamental do grupo de alimentos psico-educativos com um destes alimentos proibidos através de um exercício de mindfulness, para elaborar as suas sensações físicas.

Primeiro, enquanto observava as suas reacções, foi-lhe pedido que comesse o mais lentamente possível, como numa sessão de mindfulness (degustação) durante os seus ataques. As instruções são para se sentar, preparar toda a comida na mesa e deixar de se sentir culpada quando uma compulsão é despoletada.

Em segundo lugar, começámos a pensar em conjunto sobre outros comportamentos ou actividades possíveis para gerir ou exprimir emoções, especialmente numa crise:
- A doente mencionou as manicuras e os tratamentos faciais como uma forma de aproveitar este tempo para cuidar de si própria, algo que tem vindo a negligenciar há alguns meses.
- Depois, sugeriu um passeio no parque para sair de casa, porque "quando não estou em casa, não penso nisso", diz.
- Também está a exibir a sua bicicleta de exercício.
- Pensa em telefonar a uma namorada ou ao marido se o problema tiver origem na sua zanga com a mãe.
- Por exemplo, sugeri a respiração abdominal, que ela aceitou com gosto (ver a secção sobre gestão emocional).

Estas três alternativas de comportamento devem agora ser experimentadas, tendo em conta o que sabemos sobre a duração e o desenrolar de uma crise (20 a 40 minutos). Fizemo-lo duas vezes durante uma exposição imaginária, no caso de ela querer sair de casa para ir passear. A doente ficou rapidamente tranquila e sentiu-se pronta a experimentar em casa. As instruções são simples: deixamos a Sra. B. livre para escolher se quer comer para gerir as suas emoções (mas neste caso por degustação) ou tentar outras actividades sem comer. A única restrição é que, se ela comer, deve escolher fazê-lo. O funcionamento automático já não é aceite. O funcionamento automático já não é aceite.

Inicialmente, a paciente conseguia controlar a sua ingestão de alimentos, principalmente através da respiração. Depois, ao praticar outras actividades quando decide não comer, toma consciência de que é capaz de ultrapassar estas crises de compulsão. Isto permite-lhe recuperar a sua auto-confiança até ao desaparecimento progressivo do seu comportamento desadaptativo.

São também trabalhados alguns pequenos pontos de assertividade ao longo de duas sessões para a ajudar a sair da sua interiorização emocional, que não a ajuda na relação com o seu parceiro ou com a sua mãe.

iii.   <u>A nível emocional</u>

As técnicas de respiração abdominal, inicialmente com palhinhas, que ajudam a reduzir a intensidade emocional destes ataques, foram sugeridas como uma possível actividade alternativa. Foi pedido à doente que inspirasse pelo nariz e expirasse por 5 palhinhas durante 5 respirações, expirando depois por 4, 3, 2 e 1 palhinhas. Isto permite ao doente trabalhar 25 respirações abdominais, expirando o mais lenta e progressivamente possível. Criámos uma aplicação *"respidetente"* que pode ser descarregada para um smartphone. Esta aplicação representa uma bolha que sobe e desce a um ritmo relativamente lento, adaptado ao relaxamento, permitindo ao paciente encher e esvaziar a barriga de forma visual e sonora. Foi efectuada uma primeira sessão de relaxamento com o terapeuta e, muito rapidamente, em casa, a paciente conseguiu fazer um mínimo de 12 respirações abdominais antes de cada ataque, ou seja, quase diariamente. A constatação de que podia retardar o momento do ataque e a sua intensidade através da respiração ajudou-a muito.

Em segundo lugar, fizemos um pouco de psico-educação alimentar sobre a definição e as consequências das emoções. Sublinhámos que a emoção não é um sinal de fraqueza, mas simplesmente um sinal de humanidade. Isto permitiu que a doente colocasse o seu comportamento em perspectiva e desse um passo atrás em relação a si própria.

Em seguida, trabalhámos arduamente na identificação das emoções que pareciam desencadear as crises, para além do processo ritual que estava realmente presente. Para isso, as colunas de Beck (Anexo 1) foram muito úteis. Para começar, a paciente identificou várias emoções, tais como: ansiedade, medo da ausência de ideias para criar, excitação e alegria quando estava inspirada. Por fim, menciona o aborrecimento e a raiva quando não está satisfeita com a sua auto-afirmação ou com a atenção que recebe.

Gradualmente, através da técnica de imagens mentais, a paciente foi levada a verbalizar a sua raiva em relação à mãe, que estava ligada a uma falta de afecto, a uma falta de atenção que parecia criar ainda estes sentimentos de vazio interior, um vazio corporal que a paciente tentava preencher com comida. Parece, portanto, que este vazio inicial foi reforçado negativamente por estas crises alimentares, que lhe permitiram, em seguida, evitar qualquer tipo de emoção.

Um olhar rápido sobre a técnica de imagens mentais utilizada:
- Criar um local seguro
- Imaginação de um acontecimento perturbador na sua vida actual (a doente recordou um dos seus piores episódios de compulsão alimentar há alguns meses).
- Recorrendo às mesmas emoções e sensações, recuar aos acontecimentos da infância. Descrição pormenorizada. A paciente desenvolveu uma memória de rejeição emocional por sua mãe aos 7 anos de idade, quando ela estava acariciando seu irmão.
- Regressar a um local seguro
- Feedback. Estava cheio de emoção e permitiu à doente dar sentido ao vazio que regularmente preenchia com comida.

Para além de encontrar o significado por detrás destas explosões compulsivas, a paciente aprendeu a descrever melhor as sensações corporais associadas às emoções que sentia. Este exercício, que ela me pediu para fazer sempre que falava de uma emoção, permitiu-lhe expor-se regularmente. O facto de sentir e poder nomear essas emoções permitiu-lhe iniciar o trabalho de aceitação emocional. Para reforçar este aspecto, foram utilizadas certas metáforas da terapia ACT (ver anexo 4).

iv.   <u>A nível cognitivo</u>

Em primeiro lugar, o modelo cognitivo de Beck foi apresentado com uma contribuição psico-educativa sobre a definição de cada um dos seus aspectos.

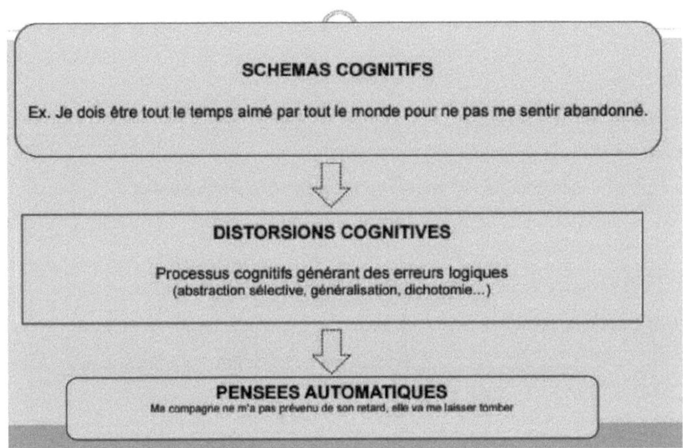

[1]   *Pensamentos automáticos*

Assim, começámos por identificar os pensamentos automáticos através das colunas de Beck preenchidas durante os ataques compulsivos. Estes eram mais ou menos idênticos em cada um dos ataques, o que confirmava o facto de que, sem comida, a paciente já não se sentia capaz de prosseguir com o seu dia: "Preciso de me encher para aliviar esta tensão dentro de mim, não consigo controlá-la, é mais forte do que eu".

[2]   *Distorções cognitivas*

De seguida, discutimos as diferentes distorções cognitivas existentes. Com base num documento que listava todas estas distorções, a paciente tinha de identificar aquelas em que reconhecia o seu funcionamento e depois encontrar exemplos associados. Segue-se a lista elaborada pela paciente com os exemplos:

INFERÊNCIA ARBITRÁRIA: O doente tira conclusões sem provas, gerando assim erros de previsão, ou seja, faz previsões pessimistas e mantém-nas sem retrospectiva: "Nunca vou conseguir sair disto", "Acho que vou ser sempre diferente e que ninguém me vai poder ajudar", "Nunca vou ser realizado na minha vida de criança".

MINIMIZAÇÃO / MAXIMIZAÇÃO: A Sra. B minimiza os pontos positivos e exagera especialmente os negativos, sobretudo quando dizem respeito à sua personalidade, ao seu corpo e à sua

trabalho em terapia: "Sou gordo, logo sou feio", "Não consigo ver nada de positivo no meu corpo".

ETIQUETA: Julgamento global e precipitado: principalmente após cada crise, o doente tem pensamentos automáticos do tipo: "Não sirvo para nada, não valho nada!

O "EU DEVO" E "EU DEVO": Uma tirania do dever, que mantém a insatisfação: a Sra. B pressiona-se constantemente: "Tenho de trabalhar (criar em casa) pelo menos tantas horas por dia, mesmo que não tenha inspiração, mesmo que não tenha muito trabalho para fazer...".

PENSAMENTO DICHOTÓMICO: Raciocínio indiferenciado que só considera os extremos: "enquanto tiver estas crises, serei inútil".

[3] *Reestruturação cognitiva*

Depois de termos identificado os pensamentos automáticos e as distorções cognitivas, decidimos trabalhar na reestruturação cognitiva. Utilizando técnicas de descentração (imaginando o que um amigo ou o meu marido diriam um ao outro no mesmo contexto), a paciente tentou encontrar pensamentos alternativos.

Exemplo no quadro seguinte

Situações Em caso de emoções fortes e angustiantes	Emoções (intensidade à 0 10)		Pensamentos automáticos (grau de crença de 0 a 10)		Identificar a **distorção cognitiva**	Pensamentos **alternativos** (grau de crença no PA 0 a 10)	

16/09
Em falta inspiração,
Eu viro-me
 	
em volta do meu
escritório
	Angústia
	Sensação
	perda de
	controlo
	
	no meu
	
	trabalho
		8	"Sou terrível
			Preciso de comer
			para encontrar
			energia e
			
			    assim
			inspiração
			
			"Se eu não
			nada, todos os meus
			    diasera
			perdido "
				9
				
				9
					Rotulagem
					
					Pensamento dicotómico
						"Eu só tenho o síndrome da página branco, acontece frequentemente em todos
						
						pessoas que são
						
						na criação, se me distrair, talvez isso me ajude".
						"se eu não tiver nenhuma ideia hoje, eu poderia ser aproveitar o meu dia para ir buscar os meus filhos".
						"Ainda tenho 3
						
						semanas antes
							6
							
							5

			"Precisamos de absolutamente isso Eu termino 2	5	Tenho de o fazer, tenho de o fazer	o projecto, eu ainda tem alguns	2

			jóias novas hoje "			tempo para trabalho "	

A reestruturação cognitiva permitiu rapidamente à paciente dar um passo atrás no seu funcionamento cognitivo, estabelecendo uma distância entre a sua forma de pensar e os factos objectivos, a realidade.

Esquema cognitivo

Os esquemas cognitivos, estruturas cognitivas profundas desenvolvidas ao longo das nossas experiências passadas, representam os nossos sistemas fundamentais de valores e crenças e, como tal, regem a forma como vemos o mundo e a forma como agimos.

Até à data, o doente apresentou dois padrões, realçados e suavizados pelo questionamento socrático e pela técnica da seta descendente, e corroborados pelo YSQ de 75 itens.

Para começar, o padrão Fracasso: "Prefiro controlar tudo e só perco o controlo quando tenho um distúrbio alimentar". Evidencia a crença de que falhou, de que vai falhar, de que é incapaz de ser bem sucedido como os outros (estudos, carreira, desporto, etc.). Muitas vezes, a pessoa julga-se estúpida, inepta, sem talento, ignorante, inferior aos outros, etc. Desde a primeira entrevista, este padrão torna muito difícil estabelecer uma relação de confiança e a paciente chega a fazer-me duvidar da minha capacidade para a ajudar, como já referi.

Este padrão justifica a sua procrastinação ou a sua dificuldade em começar a trabalhar para o evitar, mas também gera uma ansiedade mais profunda e, portanto, mais crises alimentares quando não faz progressos suficientes em relação aos objectivos planeados. A doente controla permanentemente a sua vida quotidiana. Apresenta uma grande rigidez psicológica, o que evidencia a sua dificuldade em gerir os imprevistos, os momentos de descontracção e de desprendimento, as mudanças de programa ou de horário, etc.

Depois, o padrão de isolamento social: "Sou diferente, comigo não funciona! A doente compreende claramente a ideia da máscara social que adopta na sociedade, que lhe permite, por exemplo, não ter uma crise. No entanto, evita a socialização e passa a maior parte do tempo sozinha; e o seu trabalho em casa reforça este aspecto, permitindo-lhe evitar ser confrontada com o seu padrão, repetindo sempre para si mesma que é diferente e isolada dos outros.

III. Resultados

i. Evolução do número de ataques registados de 15 em 15 dias

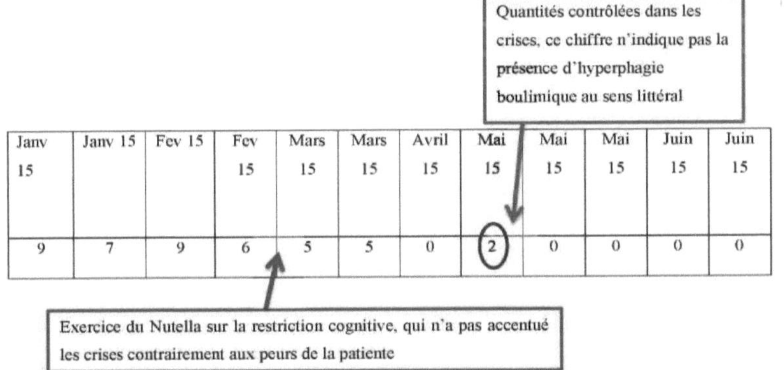

Janv 15	Janv 15	Fev 15	Fev 15	Mars 15	Mars 15	Avril 15	Mai 15	Mai 15	Mai 15	Juin 15	Juin 15
9	7	9	6	5	5	0	2	0	0	0	0

O quadro mostra que não houve crises alimentares durante 3 meses, uma vez que a quantidade de crises em Maio foi controlada. Por conseguinte, o paciente pode avançar com a operação bariátrica. Os desejos continuaram a existir, mas a paciente conseguiu controlá-los de outras formas para além da alimentação. Já não come as suas emoções. Voltámos a encontrar-nos no pós-operatório para avaliar o seu comportamento alimentar, o seu estado psicológico e a percepção do seu corpo com o início da perda de peso.

ii. Questionários de resultados no final da terapia

Questionários	Resultados antes da terapia	Resultados pós-terapia	Alterar + ou -
Pontuação de ansiedade HAD	9	6	+
Pontuação de depressão HAD	12	8	++ abaixo do limiar de depressão. A paciente continua em tratamento, o que a tranquilizou até à data.
Escala Rathus Auto-afirmação	-31	-13	Doente ainda não confirmado
Escala de auto-estima Rosenberg	27 (estimativa baixa) de si próprio)	32 (auto-estima média)	+
TFEQ **Restrição cognitiva** **Desinibição alimentar** **Fome alimentar**	16 12 13	12 3 2	+, o processo de restrição cognitivo não foi mudou significativamente, No entanto, o doente trabalhou a desinibição alimentar e a fome.

Discussão

I. Análise dos resultados

A tabela mostra que os resultados são positivos, tanto em termos de humor como de alterações no comportamento alimentar. Como indica o TFEQ, a sensibilidade emocional da paciente em relação à comida melhorou. Também come menos por hábito e de acordo com as situações que se lhe apresentam (desinibição alimentar). Da mesma forma, o questionário mostra que ela responde menos aos factores externos da fome e escuta mais as suas sensações internas (itens da fome). No entanto, os processos de restrição cognitiva estão ainda muito presentes (item restrição cognitiva). Este padrão de funcionamento pode reactivar as compulsões a longo prazo, pelo que terá de ser monitorizado, reavaliado e certamente reformulado no pós-operatório.

Até à data, a doente já não sofre de hiperfagia bulímica e limitou a sua hiperfagia prandial, que será apoiada pela operação bariátrica. Introduziu novas formas de gerir as suas emoções e a comida deixou de ser o seu único ponto de referência, o seu único modo de funcionamento. Este trabalho comportamental permitiu-lhe constatar que era possível gerir um desejo e assim recuperar a sua auto-confiança. O trabalho cognitivo permitiu-lhe afastar-se de si própria e limitar a sua luta intrapsíquica e as suas falsas crenças. O trabalho de restrição cognitiva permitiu-lhe libertar-se e voltar a dar espaço à escuta do seu corpo. Já não há alimentos proibidos, mas ainda há alguns pensamentos de culpa. Por fim, o trabalho emocional (principalmente a respiração) ajudou-a a reduzir as crises de ansiedade, a dar sentido a este sentimento de vazio interior e a exteriorizar certas emoções reprimidas da infância. No final, todos estes objectivos foram atingidos. Na minha opinião, falta ainda trabalhar um pouco os pensamentos obsessivos sobre o peso e a sua imagem, que tenciono retrabalhar no pós-operatório se não estabilizarem espontaneamente com a perda de peso após o bypass. Do mesmo modo, estou a pensar sugerir-lhe que participe num grupo de assertividade para melhorar o seu comportamento passivo.

Não repeti o questionário de esquemas de Young. De facto, este último era para mim um auxiliar de diagnóstico, para me ajudar a corroborar as minhas intuições sobre o funcionamento cognitivo subjacente da paciente, e não um instrumento de medição. Por enquanto, a terapia não se centrou nos seus esquemas, embora a paciente tenha recebido explicações.

II. Continuação da terapêutica pós-operatória

Em Julho de 2015, o doente recebeu um bypass. Não nos vimos durante três meses. As instruções eram para me telefonar se as convulsões voltassem ou qualquer outro sintoma suspeito, que ela agora sabia reconhecer.

Assim, a Sra. B voltou a visitar-me em Outubro de 2015 com uma bela perda de peso de 19 kg dois meses após a operação. O conforto alimentar é bom. A paciente parece estar a adaptar-se muito rapidamente à perda de peso e à nova forma de comer. Está a usar vestidos novos, a limitar a dissociação corpo-mente, a cuidar de si e a seguir escrupulosamente a dieta pós-operatória recomendada. A seu pedido, estamos a acompanhá-la uma vez por mês, pois disse-me que tem medo de um eventual regresso dos seus ataques. Disse que não suportava voltar a engordar. De facto, durante a entrevista seguinte, a Sra. B voltou a sublinhar o controlo excessivo da sua alimentação, com numerosas restrições cognitivas. Restabelecemos um contrato terapêutico. A paciente parecia estar a regressar ao seu círculo vicioso de restrição e compulsão. Dizia que ainda conseguia controlar as quantidades que comia, mas que os desejos voltavam cada vez mais frequentemente e que, até à data, se regulava com o lanche recomendado na fase pós-operatória.

Por conseguinte, reexaminámos o equilíbrio decisional para situar a doente no seu processo de mudança a longo prazo, sublinhando os aspectos positivos da sua mudança de comportamento e, depois, da sua perda de peso pós-operatória. Em seguida, reformulámos a restrição cognitiva, em que a doente tem tanto medo de voltar a ganhar peso que prefere privar-se de novo. Assim, recomeçámos o trabalho de desprendimento, para que a paciente não recaísse no seu círculo vicioso compulsivo de perda de controlo sobre os alimentos que escolhia e as quantidades que lhes estavam associadas. A paciente integrou muito mais rapidamente os conceitos trabalhados durante a sessão e adoptou rapidamente um modo de funcionamento mais adaptado, apesar do elevado nível de stress no trabalho.

Perdeu 45 kg nove meses após o bypass. O fenómeno de dissociação já não está presente; conseguiu reequilibrar a sua vida quotidiana e encontrar tempo para cuidar de si e do seu corpo. No entanto, a paciente continua a preferir ser seguida uma vez por mês ou de dois em dois meses, consoante a sua disponibilidade, para fazer um balanço regular e para se tranquilizar. O objectivo da terapia é agora permitir-lhe ganhar autoconfiança, tranquilizá-la de que não perderá a sua identidade sem os seus desejos compulsivos, para que possa ser autónoma na sua relação com a comida. Por fim, é necessário esperar que a perda de peso estabilize, o que por vezes acontece um ano e meio após a operação. De facto, é muito frequente uma melhoria da auto-estima, uma percepção do corpo que se torna positiva, após a cirurgia bariátrica. A estas variáveis junta-se uma redução das perturbações depressivas, da ansiedade, do nervosismo e da agressividade (Fernandez & al., 2015).

III.   Conclusão

Em conclusão, a paciente cria crises como parte de um processo de evitamento emocional para não ser confrontada com o seu esquema cognitivo: "Sou rejeitada, sou diferente dos outros". O facto de encher o estômago permite-lhe evitar sentir o vazio interior, a falta de afecto da infância sobre a qual se construiu.

Assim, para além do trabalho cognitivo, afectivo e comportamental propriamente dito, o objectivo desta terapia no âmbito das perturbações alimentares é estabelecer uma verdadeira aliança terapêutica com o paciente, sem a qual me parece impossível ajudar o doente a imaginar o desaparecimento dos sintomas alimentares. De facto, o enraizamento em que se encontra frequentemente o doente que sofre de uma perturbação alimentar faz emergir no decurso da terapia numerosos mecanismos de defesa, resistências e, por vezes, até reacções. O terapeuta deve, portanto, aprender a lidar com as resistências do paciente e não tentar avançar mais depressa do que a pessoa que sofre. O que me parece essencial é tentar ajudar a pessoa a integrar que a perda dos seus sintomas, que inconscientemente se recusa a abandonar, não constitui uma ameaça à sua identidade.

A terapia cognitivo-comportamental permitiu assim à Sra. B. aprender a gerir de forma diferente os seus excessos compulsivos e, por conseguinte, as suas emoções, sem que o seu desejo de comer nessas alturas fosse completamente eliminado. A minha reflexão pessoal leva-me a assinalar os limites desta terapia. De facto, existe um fosso entre as expectativas do paciente de uma extinção total dos seus desejos compulsivos e a realidade terapêutica, que se limita a tentar ajudar a pessoa a aprender a gerir os seus ataques. É necessário restabelecer rapidamente as falsas crenças destas pessoas em sofrimento, para evitar alimentar o sentimento de fracasso quando os desejos regressam. Costumo dizer que "os desejos estarão sempre presentes, mas aprenderá a geri-los de forma diferente". Por fim, as perturbações alimentares não são uma doença de dependência, tal como a dependência do álcool, com a agravante de não se poder parar de comer?

Bibliografia

Associação Americana de Psiquiatria. (2013). Manual de diagnóstico e estatística das perturbações mentais (5ª ed.). Arlington, VA: American Psychiatry Publishing.

André C. (2009), *Imparfaits, libres et heureux. Pratique de l'estime de soi.* Paris: Odile Jacob.

Archer, E. Cari J. Lavie, Samantha M. McDonald, Diana M. Thomas, James R. Hébert, Sharon E. Tavemo Ross, Kerry L. Mclver, Robert M. Malina, & Steven N. Blair. Blair (2013) *Maternai Inactivity: 45-Year Prends inMother's Use ofTime.* Mayo Clinic Proceedings 88(12): 1368-1377.

Fairbum C G. (1995) *Overcoming binge eating.* NewYork NY, the Guildford press

Fernandez, L., Rubinstein, M., Dumet, N., Dargent, J., & Parrocchetti, J. P. (2015). *Obesidade grave, perda de peso e imagem corporal após cirurgia bariátrica.* Lavoisier, Obésité (2015) 10:151- 159.

[e] Lamas C, Rebecca, Nicolas I e Guelfi J-D, (2012) *Les troubles du comportement alimentaire (2 ed).* Paris: Elsevier Masson.

Lock J, Le Grange D, (2005) Help Your Teenager Beat An Eating Disorder. Nova Iorque: Guilford Press.

Schappamn-Williams, Lock e Couturier (2006) *Cognitive-behavioral therapy for adolescents with binge eating syndromes: a case series.* Int J Eat Disord. 2006 Apr;39(3):252-5

Vega C. P., McElroy S, Recent *advances in the management of binge eating disorder.* Medscape.

Waysfeld B. (2014) *Le poids et le moi.* Paris: Armand Colin.

Zermati J P, (2011). *Maigrir sans régime.* Paris: Odile Jacob.

Zermati J. P., Apfeldorfer G., Waysfeld B. (2010) *Traiter l'obésité et le surpoids.* Paris: Odile Jacob.

Sítios Web :

http://www.psvchomedia.qc.ca/psvchologie/2015-03-07/hvperphagie-boulimique-criteres- diagnostic-dsm-5

https://cursus.univ-rennes2.fr/pluginfile.php/306910/mod resource/content/O/TFEQdescription.pdf

<h1 style="text-align:center"><u>Apêndices</u></h1>

Anexo 1: observação do meu comportamento alimentar (coluna de Beck)

Apêndice 2: ficha que apresenta alternativas de gestão emocional

Anexo 3: Quadro: ouvir as minhas sensações alimentares

Apêndice 4: A metáfora de Monique

Apêndice 5: Protocolo (conjunto de questionários utilizados)

Anexo 1: observação do meu comportamento alimentar (coluna de Beck)

Situação (dia/hora)	Emoções e Sensações físicas	O que eu digo a mim próprio	O que faço em relação à comida
09/09 às 18 horas. Chego a casa depois de um dia de trabalho e encontro-me sozinho.	Tédio e solidão Fadiga	Para repor as minhas energias, vou comer um lanche.	Estou a comer um doce

Apêndice 2: Ficha que apresenta alternativas de gestão emocional

Um estado transitório :

Não tenha medo das suas emoções, aprenda a viver com elas. Quanto mais lutares contra elas, mais elas voltarão para ti como um boomerang. Não te esqueças que elas não duram...

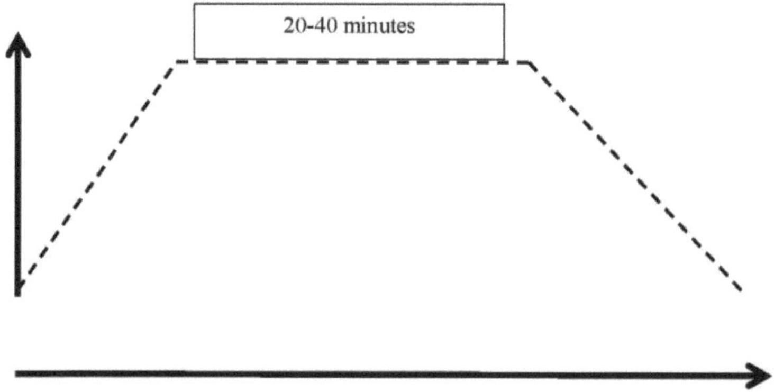

1) A minha lista para evitar crises futuras

Plano A :

Plano B :

Plano C :

Plano D: Como conscientemente como na primeira sessão do grupo 1. De qualquer forma, estou a armazenar comida, por isso, pelo menos, estou a apreciá-la.

Apêndice 3

Ouvir as minhas sensações alimentares

Antes da refeição			Durante e após a refeição	
Dia e hora da refeição	*Sensação de fome* *010* *(de nada a muito)*	*Enviar* *010* *(de nada a muito)*	*Saciedade* *Sim/Não*	*Ouvir a saciedade* *Sim/Não*

Apêndice 4: A metáfora de Monique

Já ouviu falar da tia Danièle, inesquecível no filme que fez dela a "velha mais nojenta do cinema francês", mas já ouviu falar da tia Monique?

A tia Monique sublinha perfeitamente esta atitude possível face a supostos *"demónios interiores"*:

A tia Monique é aquela velhota rabugenta e desagradável que tem sempre algo a dizer sobre tudo e que está constantemente a criticar tudo o que lhe é proposto ou apresentado. É aquela pobre velhota que invariavelmente transforma os serões de boa disposição em lugares de exasperação e discórdia. Irrita-nos, chateia-nos. Resmunga, a sua higiene não é a melhor e tem uma tendência irritante para baixar o seu nível de álcool até à temperatura corporal.

Decide organizar uma festa como parte da inauguração da sua nova casa. Convida os seus entes queridos para partilhar com eles este momento especial. Só um não foi convidado: a tia Monique.

No dia D, às 19 horas, a campainha toca e espalha o seu ruído metálico ao ritmo frenético dos convidados que se sucedem com sorrisos nos lábios e presentes nas mãos. As gargalhadas fluem, a música discreta embala as conversas alegres, tudo está no seu melhor, quando, de repente,...

Ouve-se um bater repetido na porta. Movimenta-se, um pouco preocupado, para abrir... quando... cautelosamente, muda de ideias e espreita pela porta JUDAS: Quem é este atrasado?

Um olhar e depois outro: argh, não há dúvida de que é a temida e terrível tia.

O que é que vai fazer agora? Se deixar a porta fechada, é provável que ela continue a bater até conseguir o que quer - a sua noite ficará arruinada. Pode decidir, armado com a sua coragem e a sua voz mais doce, manter a intrusa do lado de fora ou obrigá-la a afastar-se.

Isso irá irritá-la e ela poderá fazer uma cena à porta - **a sua noite será arruinada.** Ou pode ser rabugento e desconfiado e deixá-la entrar e persegui-la durante toda a noite - a **sua noite será arruinada.**

O que aconteceria agora se abrisse a porta com um sorriso, lhe mostrasse onde estavam as comodidades, as bebidas e o buffet, e voltasse para os seus convidados? Que diferença é que isso faria na experiência da vossa noite?

Já alguma vez se viu confrontado com pensamentos angustiantes que tentou afastar ou controlar?

Estes pensamentos não vos fazem pensar em alguém desagradável? E se os deixares entrar?

Apêndice 5: Protocolo

Nome : ....

Nome próprio : ....

Idade :................

Data : ....

Leia atentamente o que se segue:

O protocolo é composto por cinco questionários.

Pedimos-lhe que responda às perguntas de forma espontânea. Não há uma resposta certa ou errada, basta assinalar a resposta que melhor corresponde ao que está a pensar ou a sentir no momento.

Responda aos questionários e perguntas pela ordem em que são apresentados.

Questionário 1: Escala de Ansiedade e Depressão de Hamilton (HAD)

O objectivo deste questionário é ajudar-nos a compreender melhor a forma como se está a sentir. Leia cada pergunta e assinale a resposta que melhor expressa a forma como se tem sentido nos últimos dias.

Dê uma resposta rápida: a sua reacção imediata é a que melhor reflecte o que sente.

AJI sentir-se tenso ou irritado :	**O DJ tem a impressão de estar a trabalhar** em marcha lenta :
3A maior parte do tempo	3Sempre
2muitas vezes	2Muitas vezes
1De vez em quando	1Às vezes
0Nunca	0Nunca
O DJ continua a divertir-se à mesma maneira as coisas de que normalmente gosto.	AJ' experiencesdessensations **e tenho um nó na garganta:**
3Sim , tanto quanto	3Nunca
2Não tanto	2Às vezes
1Só um pouco	1Com alguma frequência
0Agora mais	0Muito frequentemente
AJ teve uma sensação de medo como se algo horrível me fosse acontecer:	**DJ perdeu o interesse no meu** aparência :
3Sim , muito claramente	3Totalmente
2Sim , mas não é muito grave	2Deixei de prestar atenção
1Um pouco, mas isso não me preocupa	1Já não presto atenção suficiente
0De modo algum	0Estou a prestar atenção, como de costume
DJ Rio-me facilmente e vejo as coisas pelo lado positivo coisas :	AJ é irrequieto e não consegue ficar parado. lugar :
3Como no passado	3Sim , é exactamente esse o caso
2Não tanto como antes	2A pouco
1Muito menos do que antes	1Não muito
0De modo algum	0De modo algum
A **Preocupo-me frequentemente:**	**Aguardo com expectativa o** D **futuro com** optimismo :
3 Muito frequentemente	3 Como de costume
2 Muito frequentemente	2 Um pouco menos do que antes
1 Ocasionalmente	1 Muito menos do que antes
0 Muito ocasionalmente	0 De modo algum
D **Sinto-me alegre, de bom humor:**	**A** **Sinto-me** pânico súbito :

3	Nunca	3	Muito frequentemente
2	Raramente	2	Muito frequentemente
1	Muito frequentemente	1	Não muito frequentemente
0	A maior parte do tempo	0	Nunca
A não para	**Posso sentar-me calmamente não fazer nada e sentir-se relaxado:**	**A bom**	**Estou interessado em ler um um livro ou um bom programa de rádio**
3	Sim, aconteça o que acontecer	ou televisão	
2	Sim, em geral	3	Frequentemente
1	Raramente	2	Muito frequentemente
0	Nunca	1	Raramente
		0	Quase nunca

Questionário 2: Escala de Assertividade de Rathus

Indique em que medida as seguintes afirmações são características ou descritivas do seu comportamento. Utilize a escala abaixo e assinale cada afirmação:

+3 muito característico -1 um pouco incaracterístico

+2 bastante característico -2 bastante incaracterístico

+ 1 um pouco característico -3 muito pouco característico

1 A maioria das pessoas parece-me ser mais agressiva e defender melhor os seus direitos do que eu.	Onj
2 Houve alturas em que tive vergonha de marcar ou aceitar compromissos.	
3 Quando não estou satisfeito com a comida num restaurante, reclamo com o empregado ou empregada de mesa.	
4 Tenho o cuidado de não ferir os sentimentos das outras pessoas, mesmo quando sinto que alguém feriu os meus sentimentos.	
5 Se um vendedor se der ao trabalho de me mostrar produtos que não me servem perfeitamente, tenho dificuldade em dizer "não".	
6 Quando me pedem para fazer alguma coisa, insisto em saber porquê.	
7 Há alturas em que estou à procura de uma boa e vigorosa discussão.	
8 Luto para me sair tão bem como os outros na minha profissão.	
9 Para dizer a verdade, as pessoas aproveitam-se muitas vezes de mim.	
10 Gosto de iniciar conversas com novos conhecidos ou desconhecidos.	
11 Muitas vezes não sei como dizer nada a pessoas atraentes do sexo oposto.	
12 Eu hesitaria em telefonar a um grande estabelecimento comercial ou a um departamento governamental.	
13 Prefiro candidatar-me a outro emprego por carta do que por entrevista pessoal.	
14 É embaraçoso devolver mercadorias.	
15 Se um familiar próximo e respeitado me estiver a aborrecer, eu reprimiria os meus sentimentos em vez de expressar esse aborrecimento.	

16 Por vezes, evitei fazer perguntas com medo de parecer estúpido.	
17 Durante uma discussão acesa, tenho muitas vezes medo de ficar tão perturbado que todo o meu corpo treme.	
18 Se um orador conhecido e respeitado diz algo que eu considero incorrecto, gostaria que o público ouvisse também o meu ponto de vista.	
19 Evito discutir preços com representantes e vendedores.	
20 Quando faço algo importante e que vale a pena, certifico-me de que as pessoas sabem disso.	
21 Sou aberto e honesto em relação aos meus sentimentos.	
22 Se alguém espalhou histórias falsas e de mau gosto a meu respeito, eu irei vê-lo o mais depressa possível para lhe dar uma explicação.	
23 Muitas vezes tenho dificuldade em dizer "não".	
24 Tenho tendência para conter as emoções em vez de fazer uma cena.	
25 Reclamo quando o serviço é mau, num restaurante ou noutro local.	
26 Muitas vezes não sei o que dizer quando alguém me elogia.	
27 No cinema, no teatro ou numa conferência, se um casal perto de mim estiver a falar alto, peço-lhes que se calem ou que vão para outro lado.	
28 Qualquer pessoa que tente passar por mim numa fila corre o risco de uma luta aberta.	
29 Sou rápido a expressar as minhas opiniões.	
30 Há alturas em que não sei o que dizer.	

Questionário n.º 3: Escala de auto-estima de Rosenberg

Indique qual das dez afirmações seguintes lhe parece correcta, de acordo com o seu grau de concordância com a afirmação: concordo totalmente, concordo, discordo ou discordo totalmente.

1= concordo totalmente

2= de acordo

3= não concordo

4=discordo totalmente

_ 1. No geral, estou satisfeito comigo próprio.

_ 2. Às vezes penso que não valho nada.

Penso que tenho uma série de boas qualidades.

_ 4. Sou capaz de fazer as coisas tão bem como a maior parte das pessoas.

5 Não sinto que tenha muito de que me orgulhar.

_ 6. Às vezes sinto-me mesmo inútil.

_ 7. Acho que sou uma boa pessoa, pelo menos tão boa como as outras pessoas.

_ 8. Gostaria de ter mais respeito por mim próprio.

_ 9. Tendo tudo em conta, tenho tendência para pensar que sou um fracasso.

_10. Tenho uma opinião positiva sobre mim próprio.

Questionário 4: TFEQ (Three-Factor Eating Questionnaire)
Primeira parte '.*para cada afirmação, escolhe uma das duas proposições.*

Verdadeiro/Falso e assinalar a coluna correspondente. Se parte da afirmação for falsa, deves assumir que o todo é falso e escolher a proposição F.

	Verdadeiro	falso
1. Quando sinto o cheiro de um bife a cozinhar ou vejo um pedaço de carne suculenta, é muito difícil impedir-me de comer, mesmo que tenha acabado de comer.		
2. Costumo comer demasiado quando estou com um grupo, por exemplo, em recepções ou piqueniques.		
3. Normalmente, tenho tanta fome que como mais de 3 vezes por dia.		
4. Depois de ter comido a minha dose de calorias, é normalmente fácil parar de comer.		
5. Fazer dieta é difícil para mim pela simples razão de que me dá demasiada fome.		
6. Como deliberadamente pequenas porções para poder controlar o meu peso.		
7. Por vezes, o que como sabe tão bem que continuo a comer mesmo que já não tenha fome.		
8. Como tenho muita fome, às vezes gostava que, enquanto estou a comer, um especialista me dissesse que já comi o suficiente ou que ainda posso comer alguma coisa.		
9. Quando estou preocupado, tenho tendência para comer.		
10. A vida é demasiado curta para nos preocuparmos com a dieta.		
11. Como o meu peso sobe e desce, já tive de fazer dieta mais do que uma vez.		
12. Muitas vezes tenho tanta fome que tenho de comer a todo o custo.		
13. Quando estou com alguém que come demasiado, normalmente eu também como demasiado.		
14. Tenho uma ideia bastante boa do número de calorias contidas em alimentos comuns.		
15. Por vezes, quando começo a comer, não consigo parar.		
16. Não é difícil para mim deixar algo no prato.		
17. Em certas alturas do dia, começo a sentir fome porque é nessa altura que me habituo a comer.		
18. Quando estou a fazer dieta, se comer algo que não me é permitido, como voluntariamente menos durante algum tempo para compensar.		

19. Estar na companhia de alguém que come com frequência dá-me fome suficiente para comer também.		
20. Quando me sinto triste, costumo comer demais.		
21. Comer é um prazer demasiado grande para que eu o desperdice a contar calorias ou a controlar o meu peso.		
22. Quando vejo um prato particularmente saboroso, fico muitas vezes com tanta fome que tenho de comer imediatamente.		
23. Muitas vezes paro de comer sem estar completamente cheio, limitando deliberadamente a quantidade de alimentos que como.		
24. Tenho tanta fome que o meu estômago parece muitas vezes um abismo.		
25. O meu peso quase não se alterou nos últimos dez anos.		
26. Como tenho sempre fome, é-me difícil parar de comer antes de acabar o prato.		
27. Quando me sinto só, consolo-me comendo.		
28. Abstenho-me voluntariamente de comer às refeições para evitar engordar.		
29. Por vezes, tenho muita fome, a altas horas da noite ou durante a noite.		
30. Como o que me apetece, quando me apetece.		
31. Sem sequer pensar nisso, demoro muito tempo a comer.		
32. Conto deliberadamente as calorias para controlar o meu peso.		
33. Não como certos alimentos porque me fazem engordar.		
34. Tenho sempre fome suficiente para comer a qualquer altura.		
35 Presto muita atenção às mudanças na minha figura.		
36. Quando estou a fazer dieta, se como um alimento que não me é permitido comer, muitas vezes "farto-me" e como outros alimentos muito calóricos.		

Segunda parte: *para cada uma das perguntas seguintes, assinale com um círculo o número da resposta que melhor corresponde a si.*

37. Com que frequência faz uma dieta deliberada para controlar o seu peso?

1-   Raramente 2-As vezes 3-A maior parte do tempo 4-Sempre

38. Uma mudança de peso de 2,5 kg alteraria a sua forma de viver?

1-Nem por isso
2-Ligeiramente
3-Médio 4-Grande

39. Com que frequência tem fome?

1-   *Apenas durante as refeições 2-Algumas vezes entre as refeições*

3-frequentemente entre as refeições 4-quase sempre

40. O facto de se sentir culpado por comer demasiado ajuda-o a controlar a sua alimentação?

1-Nunca 2-Raramente 3-Frequentemente 4-Sempre

41. Qual seria a dificuldade de parar de comer a meio de uma refeição e não comer durante as 4 horas seguintes? Seria :

1-Absolutamente nada difícil2-Algumas dificuldades

3-Moderadamente difícil 4-Muito difícil

42. Até que ponto está consciente do que come?

1-Nada 2-Ligeiramente   *3-Moderadamente 4-Extremamente*

43. Com que frequência evita armazenar alimentos tentadores?

1-A quase nunca   *2-Raramente 3-A maior parte do tempo 4-A quase sempre*

44. Quando vai às compras, tem tendência para comprar alimentos "pouco calóricos"?

1-Nada 2-Um pouco 3-Moderadamente 4-Muito

45. Come de forma sensata na presença de outras pessoas e "empanturra-se" quando está sozinho?

1-Nunca
    2- Raramente 3-Outras vezes 4-Sempre

46. Tem tendência para comer deliberadamente mais devagar para comer menos?

1-Nem por isso2-Um pouco3-Moderadamente   4-Muito

47. Quantas vezes fica sem sobremesa porque já não tem fome?

1-Aquase nunca 2-Raramente

3-   Pelo menos uma vez por semana 3-Principalmente todos os dias

48. Tem tendência para comer deliberadamente menos do que deseja?

1-Nem por isso 2-Um   pouco3-Moderadamente4-Muito

49. Costuma "comer demais", mesmo quando não tem fome?

1-Nunca 2-Raramente 3-As vezes 4-Pelo menos uma vez por semana

50. Numa escala de 0 a 5, em que 0 significa "nenhuma restrição alimentar" (ou seja, come o que quer e quando quer) e 5 significa "restrição total" (ou seja, restringe continuamente a sua ingestão de alimentos sem nunca "quebrar"), qual é o número que melhor corresponde a si?

0 = Come-se o que se quer, quando se quer

1 = Normalmente come-se o que se quer, quando se quer.

2 = Comemos muitas vezes o que queremos, quando queremos

3 = Muitas vezes restringe a sua alimentação e muitas vezes "cede".

4 = Normalmente restringe o que come e raramente "quebra".

5 = Limita constantemente a sua ingestão de alimentos e nunca "cede".

51. Em que medida é que a seguinte afirmação descreve o seu comportamento alimentar? "Faço dieta de manhã, mas devido aos acontecimentos do dia, quando chega a noite já desisti e como o que me apetece, prometendo a mim próprio recomeçar a dieta no dia seguinte".

1-Não se parece comigo 2- Parece-se um pouco comigo

3-   Isso descreve-me bastante bem 4-Isso descreve-me perfeitamente
YSQ-S-2: 75 itens

Introduza as 3 primeiras letras do seu apelido e nome próprio

NOME: IIII
(3 primeiras letras)
NOME PRÓPRIO: IIII
(3 primeiras letras)
Sexo __II
1 (M) 2 (F)

Data de nascimento :   ____// Idade: I II IProfissão: (Indicar o código INSEE) (Indicar o código INSEE)*
*:I I * .... Código INSEE (mesmo que esteja actualmente desempregado)*

1. Agricultores	*6. Trabalhadores*
2. Artesãos, comerciantes e directores de empresas	*7. Reformados*
3. Quadros e profissões intelectuais superiores	*8. Outras pessoas sem actividade profissional*

4. Profissões intermédias	*(Exemplo: estudante....)*
5. Empregados	9. Outros:_________________________

NÃO COMPLETAR

PONTOS

- *ED I_II_II_I*
- *AB I_II_II_I*
- *MA I_II_II_I*
- *SI I_II_II_I*
- *SU I_II_II_I*
- *DS I_II_II_I*
- *FA I_II_II_I*
- *DI I_II_II_I*
- *VH I_II_II_I*
- *EM I_II_II_I*
- *SB I_II_II_I*
- *SS I_II_II_I*
- *EI I_II_II_I*
- *US I_II_II_I*
- *ET I_II_II_I*
- *IS I_II_II_I*

SQ-SF 75 QUESTIONÁRIO

Tradução Jean Cottraux

Seguem-se algumas afirmações que uma pessoa pode utilizar para se descrever a si própria. Leia cada afirmação e decida se ela o descreve bem. Em caso de dúvida, baseie a sua resposta no que sente emocionalmente e não no que racionalmente acredita ser verdade para si.

Se desejar, corrija e reescreva a afirmação para que ela se adapte ainda melhor a si. Depois, escolha o número mais alto entre 1 e 6 que corresponde a uma boa descrição de si próprio (incluindo as suas correcções) e escreva esse número no espaço em branco antes de cada afirmação.

Escala :

1. Nunca me serviu ao longo da minha vida.

2. Isso foi verdade durante um período da minha vida, mas não na maior parte do tempo.

3. Neste preciso momento, isso preocupa-me, mas, de um modo geral, nunca me preocupou na minha vida.

4. Isso é verdade para mim durante a maior parte da minha vida.

5. Isso é verdade para mim durante a maior parte da minha vida.

1Na maior parte das vezes_______, não tenho ninguém que me ensine e com quem possa partilhar as minhas experiências.

uma relação ou preocupar-me profundamente com qualquer coisa que me aconteça.

_2Em ___ geral, as outras pessoas não estavam presentes para me darem calor, apoio e um sentimento de pertença._

de afecto.

_3Durante ___ a maior parte da minha vida, nunca tive a sensação de que representava alguém importante para outra pessoa._

_4Na maior parte dos casos, não ___ tive ninguém que me ouvisse realmente, que me compreendesse e que estivesse em contacto comigo._

as minhas verdadeiras necessidades e sentimentos.

_5Raramente tive ___ uma pessoa forte para me dar conselhos ou orientações "válidas"._

seguir quando eu não tinha a certeza do que fazer.

_ed_

_6Apego-me ___ muitas vezes a pessoas que me são próximas porque tenho medo delas._

que não me deixem.

7Quando sinto que alguém de quem gosto se está a afastar de mim, fico desesperado.

8Preocupo-me muito com o facto de as pessoas de quem gosto encontrarem outra pessoa preferem e abandonam-me.

_9 ___ Preciso tanto das outras pessoas que me preocupo com a possibilidade de as perder._

_ab_

_10 ___ Sinto que os outros se aproveitam de mim._

_11Sinto ___ que não posso baixar a guarda em frente dos outros ou eles fazem-no de propósito para me magoar._

_12 ___ Ser traído por alguém é apenas uma questão de tempo._

13 Considero os motivos dos outros muito suspeitos,

_14 ___ I normalmente procuram as motivações distantes dos outros._

meu

15 Não sou adequado.

16 Sou fundamentalmente diferente das outras pessoas.

17 Sou uma pessoa só para mim; sou um solitário.

18 Sinto-me distante dos outros.

19 Sinto-me sempre fora dos grupos.

_se_

20Nenhum homem ou mulher que eu deseje poderá amar-me depois de ter visto as minhas deficiências.

_21Ninguém ___ que eu desejo poderia ficar perto de mim se soubesse o que_

A sério que sim.

22 Não mereço o amor, a atenção e o respeito dos outros.

23 Sinto-me como se fosse alguém que não pode ser amado.

24 Sou demasiado inaceitável para me revelar aos outros.

<u>ds</u>

25*Quando nada do que faço no trabalho (ou na escola) é tão bom como o que o outros o fazem.*

26*Sou incompetente quando se trata de ter sucesso.*

27*A maioria das pessoas é mais capaz do que eu no que respeita ao trabalho e à vida.*
sucesso.
28*Não sou tão talentoso como os outros no trabalho.*
29*Não sou tão inteligente como a maioria das pessoas quando se trata de trabalho (ou do meu trabalho).*
escola).
fa
30*Não me sinto capaz de cuidar de mim próprio na vida quotidiana dias.*
31 *Considero-me dependente em termos de funcionamento numa base diária.*
32*Se eu confiar no meu próprio discernimento em situações do quotidiano, irei tomar a decisão errada.*
33*Falta-me bom senso.*
34 *Não se pode confiar na minha capacidade de julgamento em situações quotidianas.*
di
35*Não parece possível escapar à sensação de que algo de mau está prestes a acontecer. em breve.*
36*Tenho a sensação de que pode ocorrer uma catástrofe natural, criminal, financeira ou médica em qualquer altura.*
37*Tenho medo de ser atacado.*
38*Preocupo-me com a possibilidade de perder todo o meu dinheiro e de me ir abaixo.*
39*Preocupa-me o facto de poder vir a desenvolver uma doença grave, mesmo que nada de grave tenha acontecido diagnosticado por um médico.*
vh
40*Não fui capaz de me separar dos meus pais como as outras pessoas da minha família. da minha idade parecem fazê-lo.*
41*Os meus pais e eu temos tendência para nos envolvermos demasiado na vida e nos problemas uns dos outros.*
e outros.
42 *É muito difícil para os meus pais e para mim manter em segredo pormenores íntimos sem nos sentirmos traídos ou culpados.*
43*Sinto frequentemente que a minha identidade não está separada dos meus pais ou da minha família. parceiro.*
44*Sinto muitas vezes que os meus pais vivem através de mim - não tenho vida própria.*

está limpo.
.em
45*Acho que se fizer o que quero, só estou a criar problemas.*
46*Sinto que não tenho outra alternativa senão submeter-me à vontade do os outros, ou então eles retaliarão ou rejeitar-me-ão de uma forma ou de outra.*
47*Nas relações, deixo que a outra pessoa tenha vantagem sobre mim.*
48*Deixo sempre que os outros façam as escolhas por mim, por isso não sei o que eu realmente quero para mim.*

_49É-me _muito difícil exigir que os meus direitos sejam respeitados e que os meus_
Os sentimentos são tidos em conta.

_**sb**_

50Sou eu que   normalmente acabo por tomar conta das pessoas com quem estou
perto.
51Sou uma   boa pessoa porque penso mais nos outros do que em mim.
52Estou tão ocupado a fazer coisas para as pessoas de quem gosto que não tenho muito tempo para as
fazer.
tempo para mim.
_   53Sempre fui uma pessoa que ouve os problemas dos outros._
_   54Os outros vêem-me como alguém que faz demasiado pelos outros mas não faz o suficiente por mim_
para mim.

_**ss**_

55Estou demasiado preocupado comigo próprio para mostrar sentimentos positivos
(afecto) aos outros ou para mostrar que me preocupo.
_56Acho _embaraçoso mostrar os meus sentimentos aos outros._
_   57Parece difícil ser caloroso e espontâneo._
_   58Controlo-me tanto que os outros pensam que não tenho emoções._
_   59As pessoas vêem-me como demasiado controlado emocionalmente._

_**ei**_

60Tenho de ser o melhor em tudo o que faço; não posso aceitar ser o pior.
segundo(e).
61Tento   dar o meu melhor; não basta ser suficientemente bom.
62Tenho de assumir todas as minhas responsabilidades.
_63Sinto _que há uma pressão constante sobre mim para ser bem sucedido e fazer as coisas._
64Não   consigo sair facilmente do caminho nem arranjar desculpas para os meus erros.

**nós**

65Tenho muita dificuldade em aceitar um não quando quero alguma coisa.
sobre os outros.
66   Sou uma pessoa especial e não devo aceitar muitas das restrições que as outras pessoas têm de
suportar.
67Não gosto que me limitem   ou impeçam de fazer o que quero.
_68Sinto _que não tenho de seguir regras e convenções como as outras pessoas._
_69Sinto _que o que tenho para oferecer tem mais "valor" do que as contribuições dos_
outros.

_**e**_

_70Não _me parece possível disciplinar-me para realizar tarefas de rotina ou_
aborrecido.
71 Se não consigo   atingir um objectivo, é fácil ficar frustrado e desistir.
72Tenho muita dificuldade em sacrificar a gratificação imediata por
atingir um objectivo a longo prazo.
73Não   me consigo obrigar a fazer coisas de que não gosto, mesmo quando sei que é assim
é para o meu próprio bem.
74Tenho muita dificuldade em sacrificar uma gratificação imediata em nome de um futuro.
atingir um objectivo a longo prazo.
_   75Raramente tenho conseguido cumprir   as minhas resoluções (decisões)._

_**E**_

I want morebooks!

Buy your books fast and straightforward online - at one of world's fastest growing online book stores! Environmentally sound due to Print-on-Demand technologies.

Buy your books online at
www.morebooks.shop

Compre os seus livros mais rápido e diretamente na internet, em uma das livrarias on-line com o maior crescimento no mundo! Produção que protege o meio ambiente através das tecnologias de impressão sob demanda.

Compre os seus livros on-line em
www.morebooks.shop

info@omniscriptum.com
www.omniscriptum.com

Printed by Books on Demand GmbH, Norderstedt / Germany